MÉTHODES INSTRUMENTALES

FastTrack®

Traduit de l'anglais par Cédric Barth

Electrique ou Acoustique

Guitare 1

INTRODUCTION

Vous avez acheté une guitare… et maintenant ?

Toutes nos félicitations ! Vous avez fière allure avec cette nouvelle guitare entre les mains (même si vous vous tenez face au miroir, en train de chanter et de vous déhancher au son de la radio). Mais vos amis et votre famille ne seraient-ils pas plus impressionnés si vous étiez capable de sortir un son de ce sacré instrument ?

En quelques semaines, vous allez aussi bien jouer des airs très connus qu'expérimenter des techniques et des accords. D'ici la fin de la méthode, vous serez à même d'aborder les tubes des plus grands – les Beatles, Clapton, Hendrix et beaucoup d'autres.

Tout ce que vous avez à faire, c'est : être **patient**, vous **exercer**, trouver votre **rythme**.

N'ayez pas les yeux plus gros que le ventre et ne sautez pas les étapes. Si vos mains commencent à vous faire mal, faites autre chose pour le reste de la journée. Si vous sentez venir la frustration, mettez la méthode de côté et revenez-y plus tard. Si vous oubliez quelque chose, retournez en arrière et apprenez-le à nouveau. Si vous vous faites plaisir, oubliez le dîner et continuez de jouer. Le plus important est de vous amuser !

À PROPOS DU AUDIO

Nous sommes heureux que vous ayez remarqué le bonus qui accompagne cette méthode – pistes audio ! Tous les exemples musicaux du livre se retrouvent sur le audio pour que vous puissiez les écouter et vous en servir comme accompagnement quand vous serez prêt. Ecoutez le audio chaque fois qu'apparaît le symbole : **◆1**

Chaque exemple du audio est précédé d'une série de clicks qui indique le tempo et la mesure. Le audio a par ailleurs été enregistré avec différentes sortes de guitares et de grooves.

Sélectionnez le haut-parleur de droite sur votre chaîne stéréo pour écouter plus particulièrement la partie de guitare ; sélectionnez le haut-parleur de gauche pour écouter seulement l'accompagnement. Quand vous serez plus sûr de vous, essayez de jouer la partie de guitare avec le reste du groupe (l'accompagnement).

Pour y accéder, utilisez l'adresse suivante:
www.halleonard.com/mylibrary

"Entrez du texte"
1895-7006-6772-4969

ISBN: 978-90-431-0358-9

HAL•LEONARD®
CORPORATION

7777 W. BLUEMOUND RD. P.O. BOX 13819 MILWAUKEE, WI 53213

PAR OÙ COMMENCER ?

Votre guitare est votre amie...

Une guitare peut devenir un bon ami – elle peut vous aider à passer les moments difficiles et à chasser les coups de blues. En fait, beaucoup de guitaristes célèbres donnent un nom à leur amie à six cordes. Willie Nelson surnomme sa guitare « Trigger », B.B. King l'appelle « Lucille », et Eric Clapton a baptisé la sienne « Blackie ».

Qu'elle est belle !

On a représenté ci-dessous une guitare électrique standard et une guitare acoustique standard (cordes en métal). Familiarisez-vous avec les différentes pièces qui composent votre guitare et n'oubliez pas de lui donner un nom.

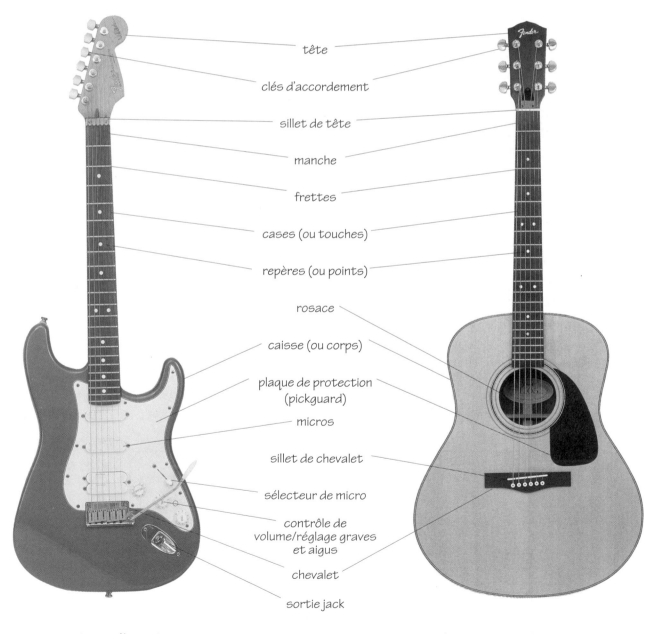

tête

clés d'accordement

sillet de tête

manche

frettes

cases (ou touches)

repères (ou points)

rosace

caisse (ou corps)

plaque de protection (pickguard)

micros

sillet de chevalet

sélecteur de micro

contrôle de volume/réglage graves et aigus

chevalet

sortie jack

guitare électrique   guitare acoustique

COMMENT ACCORDER UNE GUITARE ?

Accorder votre guitare, c'est ajuster la hauteur du son de chaque corde. Le réglage se fait en tendant (ou en détendant) les cordes à l'aide des clés d'accordement situées sur la tête de la guitare. Plus une corde est tendue, plus la note qu'elle joue est aiguë.

Les six cordes de votre guitare devraient être accordées sur les notes suivantes :
Mi-Si-Sol-Ré-La-Mi.

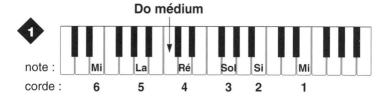

ATTENTION : Allez-y doucement pour tendre vos cordes, ne les tendez pas trop, sinon vous serez obligé de retourner au magasin pour en acheter de nouvelles !

Avec un piano

Si vous avez un piano ou un clavier à proximité, jouez les notes ci-dessus l'une après l'autre et accordez la corde de guitare correspondante jusqu'à ce que sa hauteur de son corresponde à celle de la touche du piano.

Avec un accordeur électrique

Si vous n'avez pas la chance de disposer d'un instrument à clavier, vous aurez peut-être envie de vous équiper d'un accordeur de guitare électrique.

Un accordeur « écoute » chaque corde au moment où vous la jouez et indique si elle est trop haute ou trop basse.

Mais ne désespérez pas… si vous n'avez ni piano ni accordeur, il existe toujours une autre solution :

A l'oreille

Pour accorder votre guitare à l'oreille, vous devez accorder vos cordes l'une par rapport à l'autre. On procède de la manière suivante :

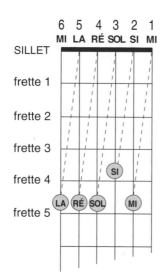

 En supposant que la corde 6 est correctement accordée sur le Mi, appuyez sur la corde 6 à la 5ème case (derrière la 5ème frette), jouez-la, puis jouez également la corde 5 à vide. Vous serez accordé quand les deux sons seront identiques.

 Jouez la corde 5 en appuyant sur la 5ème case et accordez sur cette note la corde 4 jouée à vide.

 Jouez la corde 4 en appuyant sur la 5ème case et accordez sur cette note la corde 3 jouée à vide.

 Jouez la corde 3 en appuyant sur la 4ème case et accordez sur cette note la corde 2 jouée à vide.

 Jouez la corde 2 en appuyant sur la 5ème case et accordez sur cette note la corde 1 jouée à vide.

SACHEZ ENCORE
...avant de vous lancer !

Assis pour commencer...

La position la plus confortable et la moins fatigante pour apprendre à jouer de la guitare est sans doute la position assise.

Une fois que vous connaîtrez quelques morceaux, vous pourrez jouer debout, couché ou en tenant votre guitare derrière votre tête si ça vous chante. Mais pour l'instant, concentrons notre énergie sur un objectif prioritaire – jouer.

assis   debout

Tenez-la bien...

Tenez le manche de la guitare avec votre **main gauche**, le pouce reposant gentiment contre l'arrière du manche.

Tenez le manche de votre guitare légèrement incliné vers le haut – pas vers le bas (du moins pas avant que vous ne soyez sur scène en train de faire hurler votre guitare pendant un solo devant des centaines de fans excités).

Tenez le médiator dans votre **main droite** (plus tard, c'est promis, vous pourrez utiliser vos dents comme Jimi Hendrix).

position de la main gauche
(doigts)

main droite
(avec médiator)

position de la main gauche (pouce)

Soyez à l'aise : ne serrez pas le manche de votre guitare trop fort (personne ne va vous la voler !).

Apprenez à lire…

Le **diagramme** (figure ci-dessous) représente une portion du manche de la guitare et vous montre où jouer les notes et les accords. Les notes à jouer sont indiquées sur le diagramme par des pastilles portant leur nom.

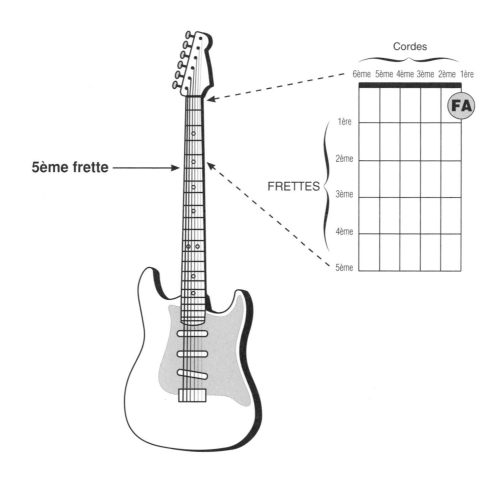

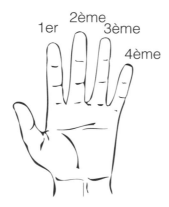

Numérotez les doigts de votre main gauche de 1 à 4.

CORNEZ CES DEUX PAGES

(... vous les consulterez plus d'une fois)

La musique est un langage avec des symboles, une structure, des règles (et des exceptions à ces règles) qui lui sont propres. Lire, écrire et jouer de la musique requiert une bonne connaissance de ces symboles et de ces règles. Commençons par les notions de base...

Les notes

La musique s'écrit à l'aide de pattes de mouche que l'on appelle des **notes**. Elles sont de formes et de tailles différentes. Une note a deux caractéristiques essentielles : sa **hauteur** (indiquée par sa position) et sa **valeur rythmique** (indiquée par les symboles suivants) :

ronde   blanche   noire

La valeur rythmique renseigne sur le nombre de temps que doit durer la note. En général, une noire est égale à un temps. Ensuite, ça ressemble à des fractions (nous non plus, on n'aime pas les maths !) :

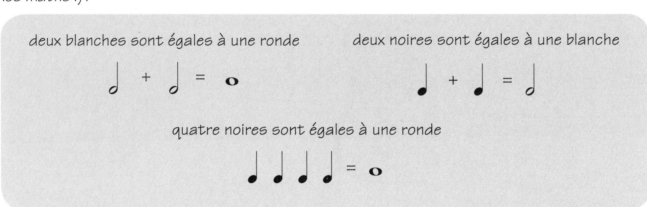

La portée

Les notes sont placées sur ou juste à côté d'une **portée** qui est composée de cinq lignes parallèles et de quatre interlignes. Chaque ligne et interligne représente une hauteur de son différente.

Les lignes supplémentaires

Comme toutes les notes ne peuvent pas figurer sur juste cinq lignes et quatre interlignes, on utilise des **lignes supplémentaires** au-dessus et au-dessous pour étendre la portée aux sons aigus et graves.

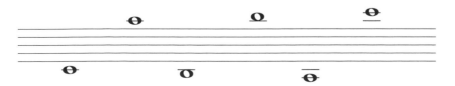

La clé

La **clé** est un symbole qui permet de déterminer la hauteur des notes sur la portée. Il existe plusieurs clés, mais il n'y en a qu'une qui nous intéresse pour l'instant :

Clé de Sol

Une **clé de Sol** en début de portée donne les hauteurs de son suivantes :

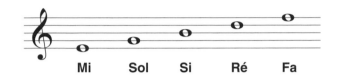 

La mesure

Les notes sur la portée sont regroupées en **mesures** à l'aide de **barres de mesure** afin de vous aider à vous repérer dans la chanson. (Imaginez-vous en train de lire un livre sans aucun point, virgule ou lettre majuscule !)

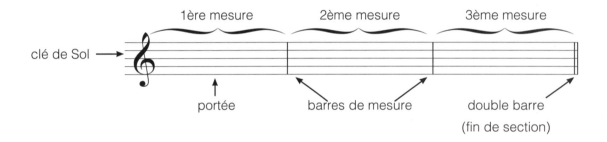

Le chiffrage des mesures

La mesure est déterminée par une fraction. Le chiffre du haut renseigne sur le nombre de temps que contient chaque mesure ; le chiffre du bas indique le type de note qui équivaut à un temps.

quatre temps par mesure
un quart de ronde (1/4),
c'est-à-dire une noire = un temps

trois temps par mesure
un quart de ronde (1/4),
c'est-à-dire une noire = un temps

Soufflez un peu, relisez cette section avant de passer à la suite.
(Faites-nous confiance – au fil des chapitres, vous allez y voir de plus en plus clair.)

LEÇON 1

Ne restez pas là les bras ballants, jouez quelque chose !

Vous êtes accordé. Vous êtes décontracté. Vous êtes confortablement installé. Et vous ne demandez qu'à jouer. Alors passons aux choses sérieuses…

Comme vous le savez depuis la page 4, la main gauche « choisit » une note en appuyant un doigt sur une corde à un endroit précis du manche (case), pendant que la main droite « joue » cette corde avec le médiator. Jouer une **corde à vide** signifie jouer une corde sans appuyer sur une case.

Corde 1 : Mi

Oubliez les cordes 2 à 6, et concentrons-nous pour l'instant sur la corde 1. Servez-vous des photos et des diagrammes pour jouer votre première note.

Jouez la corde 1 à vide et vous entendrez un Mi. Cette note apparaît ainsi sur une portée en clé de Sol :

Mi

 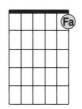

Jouez la corde 1 en appuyant sur la case 1 et vous entendrez un Fa. Cette note apparaît ainsi sur la portée :

Fa

Appuyez sur la case 3 avec votre doigt 3 et jouez un Sol. (Vous pouvez laisser le doigt 1 sur la première case si vous voulez.) Cette note apparaît ainsi sur la portée :

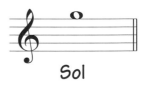

Sol

☞ « **O**ù est passée la case 2 ? »
Cette note est un Fa#. Nous vous expliquerons les « dièses » plus loin.

Faites-en bon usage...

Trois notes en à peu près trois minutes – pas mal, hein ? Exercez-vous à jouer et à rejouer ces notes avec ces quelques airs. (Si vous avez besoin de vous rafraîchir la mémoire en ce qui concerne les valeurs rythmiques ou le chiffrage des mesures, retournez pages 6 et 7.)

❷ Mi-Fa-Sol

Comme si vous lisiez un livre, allez à la ligne quand vous êtes arrivé à la fin d'une portée. Toutefois, quand vous verrez ce symbole (▤), vous serez arrivé à la fin de la chanson.

❸ Première Chanson

☞ **Conseil** : Quand vous appuyez sur une case, n'utilisez que le bout de votre doigt afin qu'il ne touche pas les autres cordes. (Non, la raison n'est pas d'éviter de laisser ses empreintes digitales !)

❹ Rock à Trois Notes

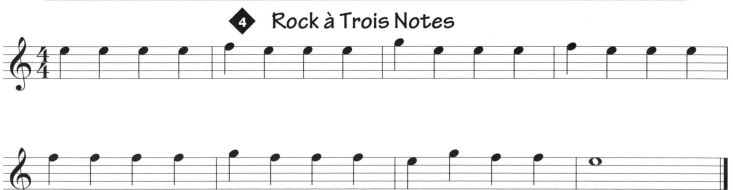

N'ayez pas peur de reprendre ces exemples plusieurs fois de suite, en les jouant à chaque fois un peu plus vite. Ensuite, quand vous serez prêt (et après un détour par le réfrigérateur), on passera à la Leçon 2.

LEÇON 2

Allons de l'avant...

Ravis de vous revoir ! Vous connaissez maintenant trois notes et trois chansons. Okay, on reconnaît qu'elles étaient barbantes, mais avec trois notes de plus, les chansons deviennent déjà plus intéressantes...

RECOMMANDATION : Prenez quelques secondes pour vérifier que votre guitare est toujours bien accordée comme on l'a vu page 3. (Si le chat commence à miauler, c'est qu'elle ne l'est sûrement plus !)

Corde 2 : Si

Nous allons apprendre la corde 2 de la même manière que nous avons appris la corde 1 (oui, en sautant à nouveau cette malheureuse case 2). La seule différence est la hauteur des notes que vous allez entendre :

 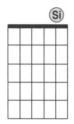

Jouez la corde 2 à vide. Vous entendez un Si. Cette note se trouve sur la ligne centrale de la portée en clé de Sol :

 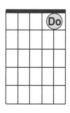

Jouez la corde 2 en appuyant sur la case 1 avec l'index et vous obtenez un Do, qui occupe l'espace juste au-dessus du Si :

 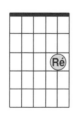

Appuyez sur la case 3 avec votre doigt 3 et vous avez un Ré. Il est juste au-dessus du Do :

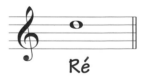

☞ **P**ourquoi omettre à nouveau la case 2 ? Cette fois, elle correspond à un Do♯. Mais comme vous insistez, nous allons introduire la notion de dièse dès la Leçon 3.

Faites-en meilleur usage...

Entraînez-vous à jouer vos nouvelles notes avec ce petit exercice :

5 ◆ Si-Do-Ré

Voici maintenant quelques airs (bien meilleurs, dirions-nous) pour travailler vos six notes. Ne vous gênez pas pour réviser encore une fois Mi, Fa et Sol avant de jouer.

6 ◆ Hymne à la Joie Rock

☞ **Conseil** : Quand vous passez de la corde 1 à la corde 2, essayez d'anticiper dans la lecture des notes afin de préparer le bon doigt à attaquer la bonne corde.

7 ◆ Blues pour mon Chien

Veillez à ce que vos doigts restent toujours pliés et souples (du moins quand vous jouez).

8 Rock pour ma Fiancée

9 Vive le Rock d'Hiver

☞ **Conseil** : Quand vous jouez une note plus haute, restez sur la note précédente. Par exemple, laissez le doigt 1 sur le Fa pendant que vous appuyez le doigt 3 sur le Sol. Quand vous voulez rejouer le Fa, soulevez simplement le doigt 3.

10 Passe le Bonjour à Broadway

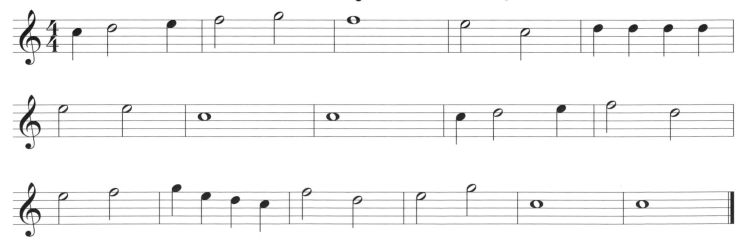

Si vous avez mal au bout des doigts, faites une pause. Mais soyez courageux – plus vous vous exercez, plus vite ils vont s'endurcir. (Hé, on n'a rien sans rien !)

QUELQUES NOTES SUR LA MUSIQUE
(... veuillez pardonner le jeu de mots !)

Avant de passer à la Leçon 3, déchiffrons encore ensemble quelques-uns des hiéroglyphes de la musique.

Les silences

Un **silence** en musique indique un moment non joué. Comme les notes, les silences ont leur propre valeur rythmique qui indique combien de temps il faut se taire :

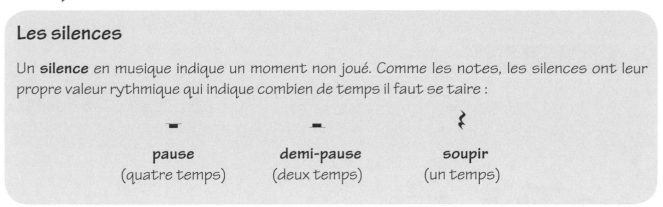

pause
(quatre temps)

demi-pause
(deux temps)

soupir
(un temps)

Dans l'exemple en 4/4 qui suit, vous allez jouer Mi, Mi, silence, Mi, silence, silence, silence, silence, Mi, Mi, silence, silence, Mi, silence, silence, Mi :

11 Soufflez un Peu

IMPORTANT : Un silence ne signifie pas se croiser les bras ou se reposer les doigts ! Un silence doit être mis à profit pour lire la suite de la partition et préparer ses doigts pour la prochaine série de notes.

12 When the Saints Go Marching In

13

LEÇON 3

Et de trois !

Incroyable – déjà six notes. Vous apprenez vite ! Que penseriez-vous d'ajouter une nouvelle corde ? (Vérifiez que vous êtes toujours bien accordé, sinon – page 3.)

Corde 3 : Sol

La corde 3 est légèrement différente des cordes 1 et 2. (Ouais, elle est plus épaisse !) La corde 3 va faire appel au doigt 2, et on sautera cette fois la première case…

Jouez la corde 3 à vide. C'est un Sol, et il s'inscrit sur la seconde ligne de la portée en clé de Sol :

Jouez la corde 3 en appuyant sur la case 2 avec le doigt 2 et vous obtenez un La. Cette note occupe l'espace entre le Sol et le Si :

☞ Nous savons que vous avez déjà appris un autre Sol sur la corde 1, mais étant donné que l'alphabet musical ne comporte que sept notes, ce type de répétition se reproduira tôt ou tard avec toutes les notes.

Exerçons-nous à jouer ces deux nouvelles notes. (ATTENTION : avec seulement deux notes, cet exercice est plutôt rasoir. Tenez bon…)

⑬ Jam à Deux Notes

Ne passez à la page suivante que lorsque vous serez sûr de connaître ces deux notes…

14 Yankee Doodle

Veillez à jouer ces exercices lentement. Accélérez le **tempo** quand vous serez plus confiant.

15 Red River Rock

Si c'est nécessaire, posez votre guitare et récitez juste les notes de la chanson. Travaillez ensuite l'exercice en repérant d'abord sur la guitare les notes qui vont être jouées. Mais surtout, faites-vous plaisir !

16 Aura Lee

Pause ! Faites une petite sieste, c'est peut-être même l'heure du petit déjeuner. Quand vous reprendrez, révisez les Leçons 1, 2 et 3.

DES DIÈSES POUR LES BALÈZES !

La musique est faite de **tons** et de **demi-tons**. Chaque case du manche de votre guitare est égale à un demi-ton. Quand une chanson requiert une note juste un demi-ton plus haut ou plus bas, on accole un symbole à cette note.

Une note élevée d'un demi-ton s'appelle un **dièse** et ressemble à une grille de jeu de morpion : ♯

Une note abaissée d'un demi-ton s'appelle un **bémol** et ressemble à une note trouée vue dans un miroir : ♭

EXCEPTION À LA RÈGLE : Il n'y a qu'un demi-ton entre les notes Mi et Fa ; il n'y a également qu'un demi-ton du Si au Do. (Jetez un œil aux touches blanches du piano à la page 3.)

Comme on ne vous a donné que deux notes dans la Leçon 3...

Nous allons vous montrer non pas une mais deux notes supplémentaires ! Et ce sont toutes les deux des dièses !! Revenez aux cordes 1 et 2 et suivez les instructions...

Sur la corde 1, appuyez sur la case 2 avec le doigt 2 et écoutez votre premier dièse :

Sur la corde 2, appuyez sur la case 2 avec le doigt 2 et vous entendrez un Do♯ :

Essayez ce court exercice avec vos nouveaux dièses :

🔷17 Je Connais Deux Dièses

Vous savez maintenant pourquoi on a sauté la case 2 tout à l'heure...
Sur la corde 1 (Mi), on passe du Fa au Fa♯ en montant d'une case.
Sur la corde 2 (Si), on passe du Do au Do♯ en montant d'une case.

16

18 Dièses Rock

Bon groove ! Travaillez l'exercice de plus en plus vite en commençant doucement, puis enchaînez avec la suite.

19 Ce Vieux Monsieur

☞ Un **bécarre** (♮) annule l'altération d'une note (un dièse ou un bémol), en la ramenant à sa hauteur « naturelle » pour la mesure concernée.

20 Les Dièses sont Éternels

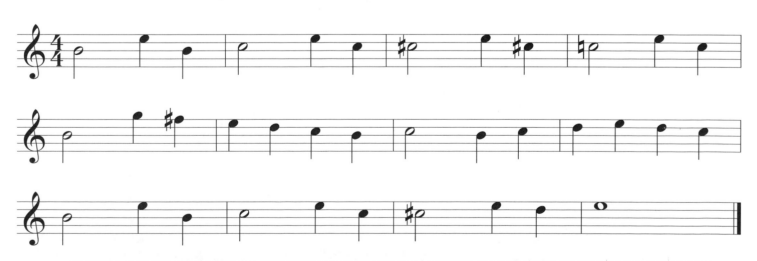

☞ Hé, c'est ici que ça se passe ! Regardez la musique, pas vos doigts ! (Votre tête est suffisamment occupée – n'essayez pas en plus d'apprendre les mélodies par cœur !)

LEÇON 4

Un peu plus grave maintenant…

Voyons où vous en êtes : trois cordes et dix notes. C'est comme grignoter des chips – on ne sait jamais comment s'arrêter, n'est-ce pas ? Et bien allons-y pour une nouvelle corde…

Corde 4 : Ré

Apprendre la corde 4, c'est comme apprendre la corde 3 (on saute à nouveau la première case), mais cette fois vous recevez trois notes :

 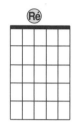 Jouez la corde 4 à vide pour le Ré écrit juste en-dessous de la portée :

Ré

  Le doigt 2 sur la case 2 donne le Mi qui occupe la première ligne de la portée :

Mi

  Appuyez sur la case 3 avec le doigt 3 pour avoir le Fa :

Fa

21 Ré-Mi-Fa

Jouez maintenant les nouveaux Ré, Mi et Fa suivis des anciens Ré, Mi et Fa. (Nous ne devrions pas avoir besoin de vous dire où ils se trouvent !)

22 Même Nom, Note Différente

> Elles sonnent presque pareil, n'est-ce pas ? Les anciennes notes sont situées une **octave** plus haut que les nouvelles. Une octave est un intervalle de huit notes. Vous connaissez deux autres notes qui sont séparées par une octave. INDICE : corde 3 à vide et corde 1, case 3.

Assez de théorie… let's jam !

Jouez l'exercice suivant avec les notes Ré, Mi et Fa (celles sur la corde 4) :

23 Jam à Trois Notes

Voici maintenant un air qui alterne entre les octaves :

24 Blues à Tous les Étages

> ☞ RAPPEL : La prochaine chanson est en mesure à 3/4. C'est-à-dire qu'elle a trois temps (noires) par mesure. Si vous avez besoin d'une révision, retournez page 7.

25 House of the Rising Sun

19

QUESTION DE RYTHME !

Accrochez-vous !..

Une **croche** s'écrit avec une sorte de fanion :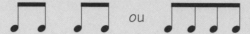

Deux croches sont égales à une noire (ou un temps). Pour faciliter la lecture, les croches sont reliées entre elles par une **barre horizontale** :

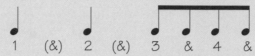

Pour compter les croches, divisez le rythme en deux et utilisez « et » entre les deux :

Entraînez-vous avec l'exercice qui suit. Commencez par compter à haute voix pendant que vous tapez la mesure du pied ; jouez ensuite les notes tout en comptant et en tapant :

Qu'en est-il du silence ?

Le demi-soupir a la même valeur rythmique qu'une croche et suit les mêmes règles... mais n'est pas joué. Comptez, tapez du pied, jouez et respectez les silences dans l'exemple qui suit :

Essayez maintenant une chanson avec des croches. (N'arrêtez pas de taper du pied !)

❖ 26 Riff Rock

Excellent. Mais ne vous arrêtez pas en si bon chemin...

L'anacrouse

Au lieu de débuter une chanson par des silences, on peut utiliser une **anacrouse**. Une anacrouse permet simplement d'omettre les silences. Ainsi, si une anacrouse n'a qu'un temps, vous comptez « 1, 2, 3 » et commencez à jouer sur le quatrième temps :

Essayez ces chansons avec des anacrouses :

27 Le Charmeur de Serpents

28 Amazing Grace

Fantastique ! Rejouez-les plusieurs fois. Rappelez-vous la règle d'or : soyez patient, exercez-vous, et gardez de l'appétit pour la suite !

Encore des demi-tons…

Découvrons deux nouvelles notes : un autre Fa♯ et Si♭.

Sur la corde 4, réveillez le doigt 4 et placez-le sur la case 4 : le voilà votre nouveau Fa♯.

Fa♯

Sur la corde 3, appuyez sur la case 3 avec le doigt 3. Vous avez trouvé un Si♭ qui se place ainsi sur la portée :

Si♭

29 Menuet

☞ RAPPEL : Un **bécarre** (♮) annule l'altération d'une note (un dièse ou un bémol), en la ramenant à sa hauteur « naturelle » pour la mesure concernée.

30 Bach Version Rock

Do♯ Do

31 Alouette

Les **signes de reprise** (𝄆 𝄇) signifient (vous l'aviez deviné !) qu'il faut répéter tout ce qui se trouve entre les deux doubles barres. Si vous ne rencontrez qu'un seul signe de reprise (𝄇), répétez depuis le début du morceau.

Voici trois autres exemples de riff juste pour votre plaisir (et il y a même des signes de reprise !)…

32 Riff Hard Rock

33 Riff Oriental

34 Riff Hip-Hop

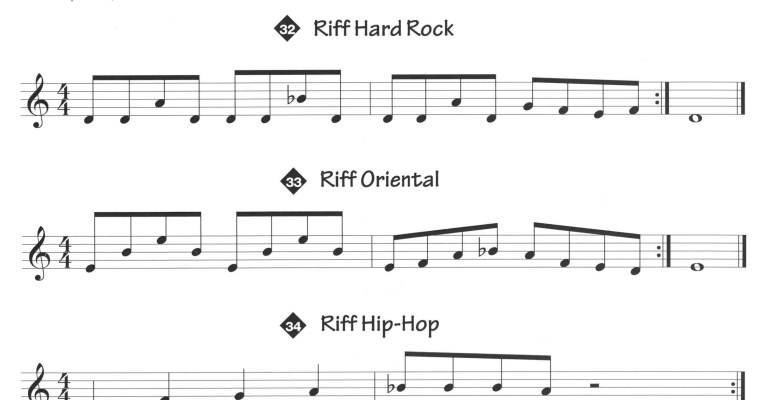

Les guitaristes ne meurent jamais, ils se désaccordent simplement. (Vérifiez que ce n'est pas votre cas !)

LEÇON 5

On y est presque...

Comment vous sentez-vous ? Bien ? Toujours accordé ? Prêt pour une autre corde ?

Corde 5 : La

  Jouez la corde 5 à vide. C'est un La. (Pouvez-vous jouer un autre La ? INDICE : corde 3.) Le nouveau La s'écrit avec deux lignes supplémentaires :

La

 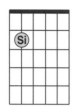 Pressez la corde 5 à la case 2 et vous obtenez un Si. Ce nouveau Si s'écrit juste en-dessous de la première ligne supplémentaire vers le bas :

Si

 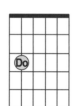 Jouez la case 3 de la corde 5 et voilà le Do. (Où est l'autre Do que vous avez appris ?) Le nouveau Do est sur la première ligne supplémentaire.

Do

Travaillez vos nouveaux La, Si et Do (doucement bien sûr) :

35 La-Si-Do

36 Run, Don't Walk

24

DANGER : Si vous n'avez pas dormi depuis la page 1, aller plus loin pourrait mettre en péril votre enthousiasme à apprendre la guitare. Allez dormir !

GARDEZ LE RYTHME !

Une liaison qui dure !

Une **liaison** relie deux notes et vous demande de tenir la première note jusqu'à la fin de la note liée :

Simple comme bonjour ! Comptez toujours à haute voix jusqu'à ce que vous ressentiez le rythme.

Faisons le point !

Une autre manière de prolonger la valeur d'une note est d'utiliser un **point**. Le point prolonge la note de la moitié de sa valeur. La note pointée la plus commune est la blanche pointée :

blanche   +   point   =   blanche pointée
(deux temps)   (un temps)   (trois temps)

Vous allez rencontrer des blanches pointées dans beaucoup de chansons, surtout dans celles qui utilisent la mesure à 3/4.

40 Greensleeves

C'est du gâteau ! Préparez-vous à rencontrer des liaisons et des points dans ce qui suit...

Vous pouvez maintenant vous lever, si vous le souhaitez (et si vous avez une sangle), pour interpréter l'hymne américain…

LEÇON 6

La dernière, mais pas la moindre...

Vous pensiez peut-être ne jamais arriver jusqu'à la dernière corde ? Eh bien la voilà sous vos yeux. Prêt ? Alors on y va...

Corde 6 : Mi

En fait, vous connaissez déjà cette corde ! Elle est en tout point similaire à la corde 1 (sauf qu'elle est plus épaisse et qu'elle vibre deux octaves plus bas). Donc toutes les notes que vous avez apprises sur la corde 1 valent pour la corde 6 (Super ! Deux pour le prix d'une !).

Juste pour le plaisir, jouez la corde 6 à vide : « Mi grave ». Ce nouveau Mi (votre troisième jusqu'à maintenant) se trouve juste sous la troisième ligne supplémentaire :

Mi

 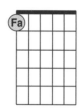

(Vous avez pris de l'avance.) Jouez la case 1 avec votre index et vous entendez le « Fa grave ».

Fa

Tout en continuant d'appuyer sur le Fa, appuyez sur la case 3 avec votre doigt 3 et voilà le « Sol grave ».

Sol

43 Ballade sur la Sixième Corde

Amusez-vous avec les octaves...

Jouez vos nouveaux Mi, Fa et Sol, suivis de vos premiers Mi, Fa et Sol (corde 1)...

Ajoutez maintenant les autres Mi, Fa et Sol (cordes 4 et 3)...

☞ CONSEIL : Laissez vos yeux lire plus loin que les notes que vous êtes en train de jouer.

◆44 Laisse-Moi Monter sur Scène

Super ! Mais puisque vous connaissez les six cordes, on ne peut pas s'arrêter là. Tournez la page...

45 Oubliez vos Problèmes

Les deux prochaines chansons comportent des noires pointées, c'est-à-dire des noires qui reçoivent chacune un demi-temps supplémentaire :

noire   +   point   =   noire pointée
(1 temps)   (1/2 temps)   (1 1/2 temps)

Ecoutez la chanson qui suit sur le audio en frappant les temps. Ressentez-vous le rythme de la noire pointée ? Essayez de le jouer…

46 Plus de Rock 'n' Roll

Ouah ! Qu'est-ce qu'ils bougent vite ces doigts ! (Ouah ! Qu'est-ce qu'ils peuvent s'emmêler ces doigts !) Entraînez-vous encore et encore.

47 Le Chant de Guerre du Rock

Au diable l'avarice… voici deux notes de plus pour vous (jouées toutes deux avec l'index).

Une octave plus bas que le Sib que vous avez appris précédemment :

Un autre bémol à la première case :

48 Jam Mineur

Formidable ! Ça vous dit d'apprendre à jouer des accords ? Tournez la page…

LEÇON 7

Peur de naviguer en solo ?

Félicitations ! Vous connaissez toutes les cordes de votre guitare. C'est le moment de vous révéler deux des trucs favoris des guitaristes : les **accords** et la **tablature**.

Qu'est-ce qu'un accord ?

Un accord est un son de trois notes ou plus jouées simultanément. Les accords sont symbolisés par les sept premières lettres de l'alphabet qui correspondent aux sept notes musicales de la notation internationale :

Notation internationale	A	B	C	D	E	F	G
Notation française	La	Si	Do	Ré	Mi	Fa	Sol

Par exemple, le symbole « A » signifie « un accord de La » (La : note fondamentale de l'accord). Ces symboles d'accord sont inscrits au-dessus de la portée, et indiquent quels accords jouer dans chaque mesure.

Ecoutez le morceau n°49 du audio pour quelques exemples d'accords :

49 G – Em – C – D7

Il est bon de connaître les accords. L'un des avantages est que si vous vous sentez trop paresseux pour jouer un solo, vous pouvez toujours jouer simplement les accords d'une chanson pendant que vous chantez la mélodie.

Présentation de la Tablature ou « TAB »

Comme les accords sont plus complexes, on emploie un type de notation musicale particulier appelé **tablature**. Elle se compose de six lignes (les interlignes ne comptent pas), une ligne pour chaque corde. Le nombre écrit sur la ligne indique quelle case jouer sur cette corde :

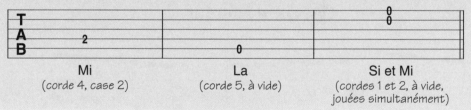

Mi	La	Si et Mi
(corde 4, case 2)	(corde 5, à vide)	(cordes 1 et 2, à vide, jouées simultanément)

50 À Table !

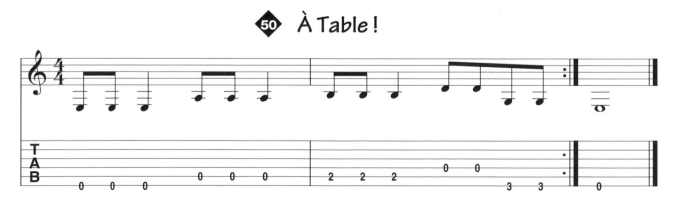

Jetons-nous à l'eau et apprenons trois accords **majeurs** (on vous expliquera plus tard) couramment utilisés.

IMPORTANT : Quand vous jouez un accord, ne grattez que les cordes qui font partie de l'accord (les autres ne sont pas invitées à la fête). Les **X** au-dessus du diagramme indiquent les cordes à **ne pas jouer** ; les **O** marquent les cordes qu'il faut **jouer à vide**. Les points montrent le doigté de la main gauche (les numéros des doigts sont en-dessous).

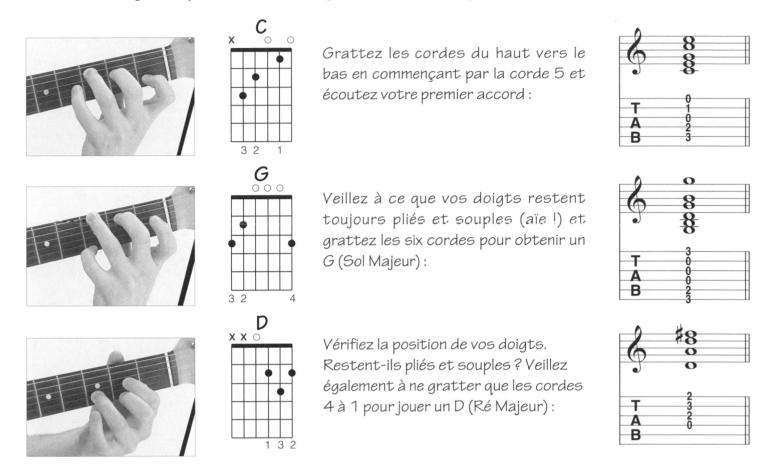

Grattez les cordes du haut vers le bas en commençant par la corde 5 et écoutez votre premier accord :

Veillez à ce que vos doigts restent toujours pliés et souples (aïe !) et grattez les six cordes pour obtenir un G (Sol Majeur) :

Vérifiez la position de vos doigts. Restent-ils pliés et souples ? Veillez également à ne gratter que les cordes 4 à 1 pour jouer un D (Ré Majeur) :

☞ Une **ligne d'accords** est écrite au-dessus de la portée (tout spécialement pour les guitaristes), pour indiquer quel accord jouer.

51 **Entraînement aux Accords**

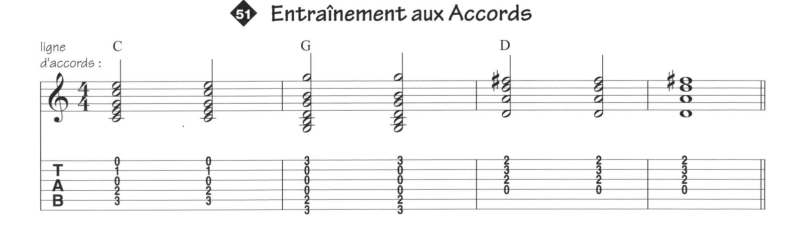

Tout comme les notes simples, un accord a une valeur rythmique. Par exemple, un accord de blanches n'exige qu'un coup de médiator et dure deux temps.

Dans la plupart des styles musicaux, les accords suivent un certain schéma appelé **progression d'accords**. Voici une progression d'accords utilisant G-D-C :

52 Unplugged

La prochaine chanson emploie une progression d'accords courante sur deux mesures, commune à bon nombre de chansons rock, y compris 'Louie, Louie' et 'Wild Thing'.

53 Cliché en Trois Accords

Jouez les chansons suivantes en lisant uniquement la ligne d'accords. Grattez vos cordes une fois sur chaque temps (quatre coups de médiator par mesure). Chantez la mélodie…

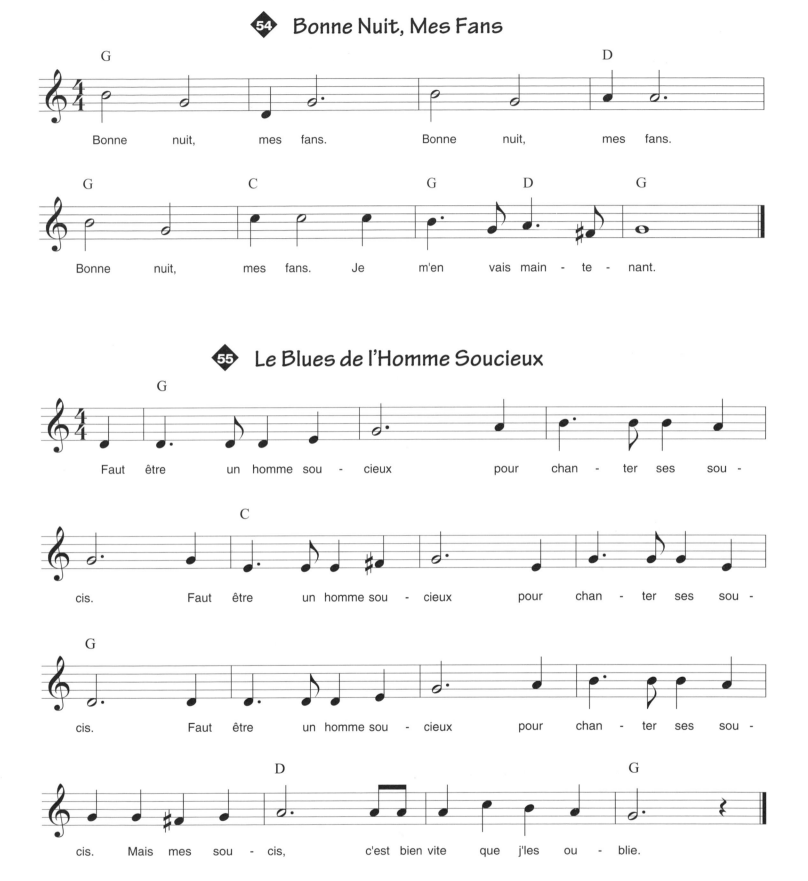

Rejouez maintenant ces chansons en variant le nombre de fois que vous grattez les cordes pour chaque accord. Vous aurez peut-être envie de jouer un accord sur chaque note de la mélodie, ou bien de jouer chaque accord juste une fois (ou bien quelque chose entre les deux).

LEÇON 8

Les accords mineurs

Ils n'étaient finalement pas si durs ces accords majeurs, hein ? Que penseriez-vous d'apprendre trois **accords mineurs** ?

Les accords Em, Am et Dm

Le **suffixe d'un accord** indique quel **type** d'accord vous devez jouer. Les accords majeurs n'ont pas de suffixe, seulement la lettre majuscule. Mais les accords mineurs sont suivis du suffixe « m ».

Em

Hé, celui-ci est facile ! Jouez-le deux fois :

Am

Le « La grave » étant dans ce cas la **note fondamentale** (le son le plus bas), veillez à ne pas toucher la corde 6 :

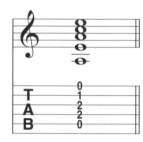

Dm

Uniquement les quatre cordes aiguës cette fois (comme pour D). Les doigts restent pliés et souples :

☞ CONSEIL : Si votre accord sonne mal, c'est que vous avez probablement étouffé une corde ou deux. Vérifiez la position de vos doigts et jouez chaque corde l'une après l'autre pour trouver celle(s) qui pose(nt) problème. Réajustez ensuite le(s) doigt(s) concerné(s).

Ecoutez ces accords sur le audio puis jouez avec… prenez votre temps.

56 Autre Exercice avec les Accords

57 Suite d'Accords #1

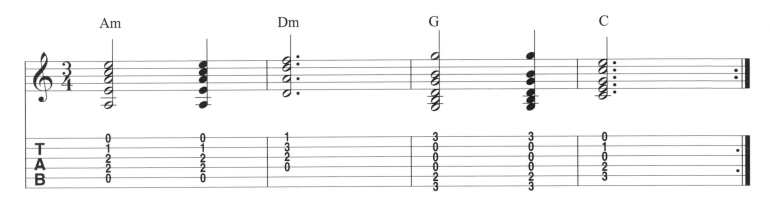

58 Suite d'Accords #2

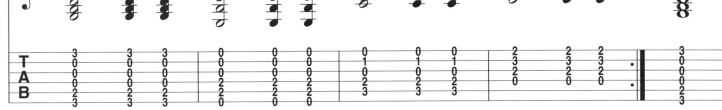

Dans le prochain exemple, essayez de gratter vos cordes **de bas en haut** (↑) quand vous jouerez la dernière croche de chaque mesure. (En d'autres termes, jouez les cordes en remontant à partir de la corde 1.)

59 Suite d'Accords #3

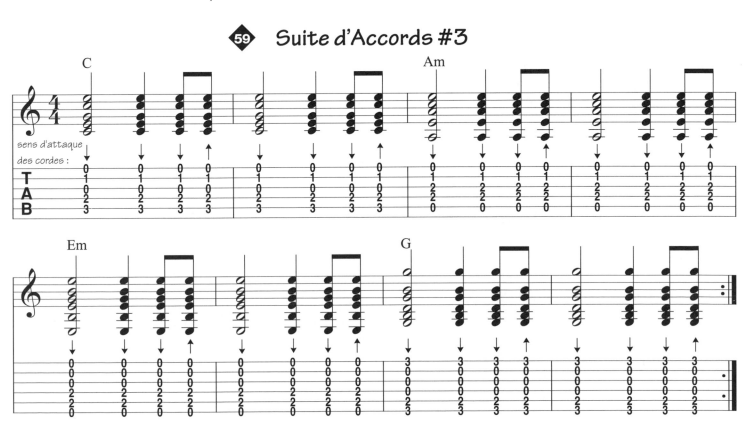

Une question mineure…

Comme vous pouvez le constater, un accord majeur n'est pas plus fort (ou plus important) qu'un accord mineur. Ce n'est qu'un nom. Alors en quoi sont-ils différents ? Jouez-les et écoutez-les encore une fois.

EN DEUX MOTS : Les accords majeurs ont une sonorité « joyeuse » et les mineurs, une sonorité « triste ».

Chantez et servez-vous de la ligne d'accords pour accompagner les deux prochaines chansons.

60 Quand Johnny Reviendra*

* Adapté du traditionnel américain 'When Johnny Comes Walking Home' ('Johnny Revient de la Guerre')

61 Scarborough Fair

Souvent, les guitaristes préfèrent lire les accords à partir d'une **notation en slash**. (Qui ne préfère pas ? C'est plus facile !) Jouez l'accord chaque fois que vous voyez le symbole " ╱ ". Quand vous reprenez le morceau pour la seconde fois, suivez la ligne d'accords et essayez de varier le sens d'attaque des cordes.

62 Suite d'Accords #4

63 Suite d'Accords #5

☞ Faites une pause ! Allez chercher quelque chose à manger, peut-être un cornet de glace. Reprenez ensuite et travaillez encore une fois à fond ces changements d'accords.

LEÇON 9

Une dernière note…

Les six cordes, des accords majeurs, des accords mineurs – vous connaissez presque tout !
Voici toutefois une nouvelle note…

Note : La aigu

Revenez à la corde 1 (Mi), réveillez le doigt 4 (« Ouais toi, le petit doigt ! ») et placez-le sur la
case 5.

Comme vous pouvez le voir, le « La aigu » s'écrit sur la première ligne supplémentaire au-dessus de la portée.

La

64 ◆ Entraînement au La Aigu

Travaillez votre « La aigu » avec l'exercice suivant sur deux octaves :

65 ◆ De La à La en Passant par La

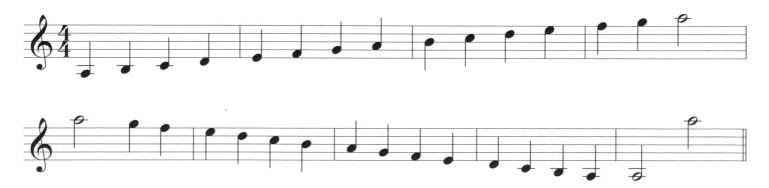

Est-ce que vous réalisez ce que vous venez de jouer ? C'était là votre première **gamme** – La
mineur. Et une gamme de deux octaves avec ça !

40

Qu'est-ce qu'une gamme ?

Les gammes sont des suites de notes échelonnées selon un modèle spécifique (séquentiel). La plupart des gammes possèdent huit notes qui s'étalent sur une octave. Celle que vous venez de jouer débutait sur un La et utilisait un **modèle de gamme mineure**, il s'agissait donc de la **gamme de La mineur**.

Continuez de travailler votre « La aigu » avec ces chansons :

66 Danny Boy

Oh, Dan - ny boy, le pu - blic en - tier crie ton nom. _____ Ils at - tendent
tous que tu montes sur la scène. _____ Et quand tu joues, tu
en - tends leurs ap - plau - dis - sements. T'es le meil - leur. Du moins c'est ce qu'ils disent.

67 Auld Lang Syne

LEÇON 10

*You've got the power !**

Un bon truc à connaître (que beaucoup de méthodes de guitare pour débutants ne vous apprendront pas), est le **power chord** (littéralement : « accord de puissance »). Ces trois power chords sont suivis du suffixe ou chiffrage « 5 ».

Power Chords : E5, A5, D5

Ne jouez que deux cordes à la fois. Laissez la paume de votre main droite reposer gentiment sur les cordes aiguës afin qu'elles restent muettes.

E5

Avec l'index, appuyez sur la case 2 des cordes 5 et 4. Jouez les cordes 6 et 5 uniquement.

A5

Descendez votre index sur la case 2 de la corde 4 et jouez les cordes 5 et 4.

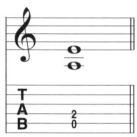

D5

Descendez jusqu'à la corde 3 et jouez les cordes 4 et 3.

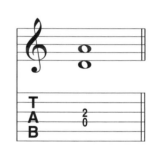

68 Bouge !

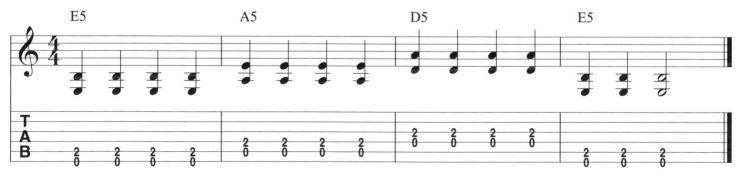

CONSEIL : Descendez votre main droite d'une corde en même temps que vous faites descendre votre main gauche d'une corde.

*La force est avec vous !

Allez-y doucement, accélérez le tempo à chaque reprise, et rappelez-vous que c'est la partition qu'il faut regarder, pas vos doigts !

69 Enfonce le Clou !

70 Power Rock

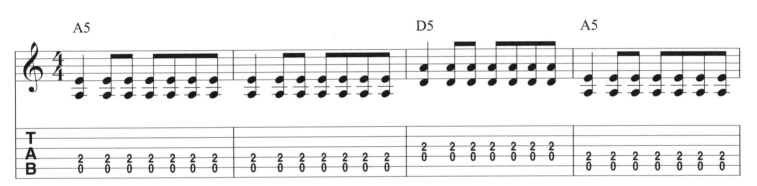

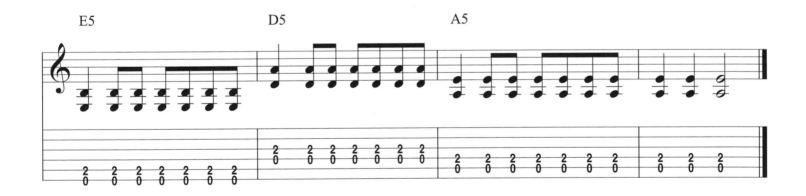

Super ! Remettez ça, et à ce propos – *MONTEZ LE SON !*

ATTENTION : Vous approchez de la fin de ce livre. Faites une pause, courez chez votre marchand de musique et ramenez **FastTrack Guitare 2** !
(Vous ne le regretterez pas.)

LEÇON 11

C'est l'heure de monter sur scène...

Ceci n'est pas vraiment une leçon... c'est une jam session !

Toutes les méthodes *Fast*Track (Guitare, Clavier, Saxophone, Basse et Batterie) se terminent de la même manière afin que vous puissiez former un groupe avec vos amis. Vous pouvez également jouer seul en vous faisant accompagner par le audio.

Vous êtes prêt ? Alors que le groupe soit sur le audio ou dans votre garage, que le spectacle commence...

71 **72** **Exit for Freedom**

groupe au complet   sans la guitare

A Intro
Heavy Rock

E5

B Couplet

A5   G   D5

A5   G   A5   G   A5

Billy B. Badd

Bravo ! Encore !!
Rappelez-vous qu'il faut s'entraîner régulièrement et garder l'esprit ouvert.
(Il y a toujours des choses à apprendre !)

ATTENDEZ ! NE PARTEZ PAS TOUT DE SUITE !

Même si nous espérons que vous allez relire ce livre encore et encore, nous avons pensé que vous apprécieriez cette « antisèche » qui récapitule tous les accords et les notes que vous avez appris ! Alors voilà, cadeau !

Notes en première position

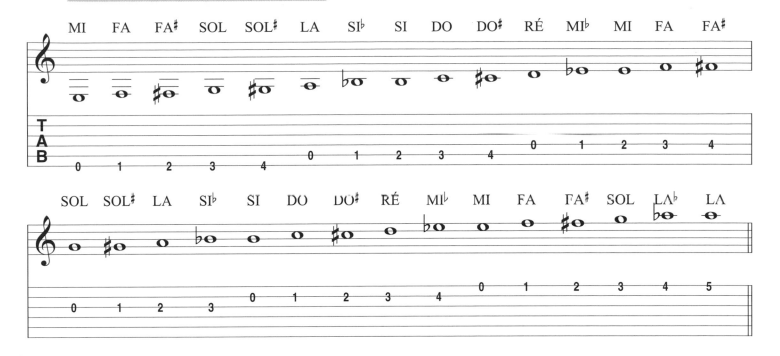

Accords en première position

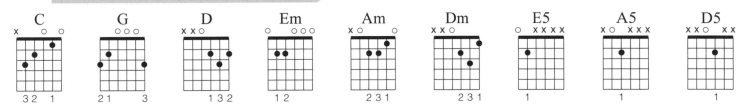

« Quelle est la suite du programme ? »

Pour finir, quelques conseils pour vous aider à aller plus loin dans votre maîtrise de la guitare :

1 **La répétition est le meilleur moyen d'apprendre.** Reprenez les exercices de ce livre jusqu'à ce que vous soyez capable de jouer les notes et les accords sans réfléchir.

2 Achetez FastTrack *Guitare* Vol. 2, qui vous apprend de nombreux autres accords, notes, techniques et notions fondamentales de la musique. Avec un peu de chance vous pouvez le trouver dans le même magasin où vous avez acheté celui-ci.

3 Achetez FastTrack *Accords et Gammes pour Guitare*, un excellent livre de référence avec plus de 2000 accords, l'essentiel de la théorie des accords, les gammes, les modes et les progressions d'accords les plus utilisées.

4 Achetez FastTrack *Guitar Songbook*, qui contient des tubes des Beatles, Clapton, Hendrix, Elton John, etc. !

5 **Faites-vous plaisir.** Que ce soit en répétition, en jam session, sur scène, ou même pendant que vous époussetez votre guitare, gardez le sourire. La vie est trop courte.

À bientôt...

INDEX DES CHANSONS

(... un livre pourrait-il se terminer autrement ?)

PISTE	TITRE DES CHANSONS	PAGE	PISTE	TITRE DES CHANSONS	PAGE
1	Notes d'Accord	1	39	Boogie Blues	25
2	Mi-Fa-Sol	9	40	Greensleeves	26
3	Première Chanson	9	41	Scarborough Fair	27
4	Rock à Trois Notes	9	42	La Bannière Étoilée	27
5	Si-Do-Ré	11	43	Ballade sur la Sixième Corde	28
6	Hymne à la Joie Rock	11	44	Laisse-Moi Monter sur Scène	29
7	Blues pour mon Chien	11	45	Oubliez vos Problèmes	30
8	Rock pour ma Fiancée	12	46	Plus de Rock 'n' Roll	30
9	Vive le Rock d'Hiver	12	47	Le Chant de Guerre du Rock	31
10	Passe le Bonjour à Broadway	12	48	Jam Mineur	31
11	Soufflez un Peu	13	49	Exemples d'Accords	32
12	When the Saints Go Marching In	13	50	À Table !	32
13	Jam à Deux Notes	14	51	Entraînement aux Accords	33
14	Yankee Doodle	15	52	Unplugged	34
15	Red River Rock	15	53	Cliché en Trois Accords	34
16	Aura Lee	15	54	Bonne Nuit, Mes Fans	35
17	Je Connais Deux Dièses	16	55	Le Blues de l'Homme Soucieux	35
18	Dièses Rock	17	56	Autre Exercice avec les Accords	36
19	Ce Vieux Monsieur	17	57	Suite d'Accords #1	37
20	Les Dièses sont Éternels	17	58	Suite d'Accords #2	37
21	Ré-Mi-Fa	18	59	Suite d'Accords #3	37
22	Même Nom, Note Différente	18	60	Quand Johnny Reviendra	38
23	Jam à Trois Notes	19	61	Scarborough Fair	39
24	Blues à Tous les Étages	19	62	Suite d'Accords #4	39
25	House of the Rising Sun	19	63	Suite d'Accords #5	39
26	Riff Rock	20	64	Entraînement au La Aigu	40
27	Le Charmeur de Serpents	21	65	De La à La en Passant par La	40
28	Amazing Grace	21	66	Danny Boy	41
29	Menuet	22	67	Auld Lang Syne	41
30	Bach Version Rock	22	68	Bouge !	42
31	Alouette	23	69	Enfonce le Clou !	43
32	Riff Hard Rock	23	70	Power Rock	43
33	Riff Oriental	23	71	Exit for Freedom (groupe au complet)	44
34	Riff Hip-hop	23	72	Exit for Freedom (sans la guitare)	44
35	La-Si-Do	24	73	Ballade Unplugged (groupe au complet)	45
36	Run, Don't Walk	24	74	Ballade Unplugged (sans la guitare)	45
37	British Invasion	25	75	Billy B. Badd (groupe au complet)	46
38	Le Rock du Marin Ivre	25	76	Billy B. Badd (sans la guitare)	46